Seymour Simon

BaLLeNas aseSINas

chronicle books · san francisco

Para mi esposa, Joyce

Agradezco a mi especialista de lectura, la doctora Linda B. Gambrell, directora de School of Education, Clemson University. La doctora Gambrell ha sido presidenta de National Reading Council y miembro de la junta directiva de la Asociación Internacional de Lectura.

Se agradece el permiso para usar las fotos siguientes:
Portada © Jeanne White/Photo Researchers, Inc.; carátula, páginas 4–5: © Marilyn Kazmers/Dembinsky Photo Assoc. Inc.; páginas 2–3, 10-11: © Tom McHugh/Photo Researchers, Inc.; páginas 6–7: © Art Wolfe/Photo Researchers, Inc.; páginas 8–9: © Patrick J. Endres/Visuals Unlimited; páginas 12–13: © David B. Fleetham/Visuals Unlimited; páginas 14–15: © Gregory Ochoki/Photo Researchers, Inc.; páginas 16–17, 32: © Tom & Pat Leeson/Photo Researchers, Inc.; páginas 18–19: © Tom Myers/Photo Researchers, Inc.; páginas 20–21: © Bruce Fisch/Photo Researchers, Inc.; páginas 22–23:18–19:© George D. Lepages/Photo Researchers, Inc.; páginas 24–29 y contraportada: © Brandon Cole; páginas 30–31: © Jerry McCormick-Ray/Photo Researchers, Inc.

Spanish translation by Elizabeth Bell.
Manufactured in China.

Library of Congress Cataloging-in-Publication Data
Simon, Seymour.
    [Killer whales. Spanish]
    Ballenas asesinas / Seymour Simon.
      p. cm. — (SeeMore readers)
    ISBN-13: 978-0-8118-5473-3 (library edition)
    ISBN-10: 0-8118-5473-6 (library edition)
    ISBN-13: 978-0-8118-5474-0 (pbk.)
    ISBN-10: 0-8118-5474-4 (pbk.)
    1. Killer whales—Juvenile literature.   I. Title.
  QL737.C43218S55 2006
  599.53'6—dc22
  2005031699

Distribuido en Canadá por Raincoast Books
9050 Shaughnessy Street, Vancouver, British Columbia V6P 6E5

10 9 8 7 6 5 4 3 2 1

Chronicle Books LLC
85 Second Street, San Francisco, California 94105

www.chroniclekids.com

Las ballenas asesinas son grandes, rápidas, y bellas.

Algunos de los machos son más grandes que un elefante y tan veloces como un tiburón.

Les gusta saltar fuera del agua. Es emocionante ver y conocer a las ballenas asesinas.

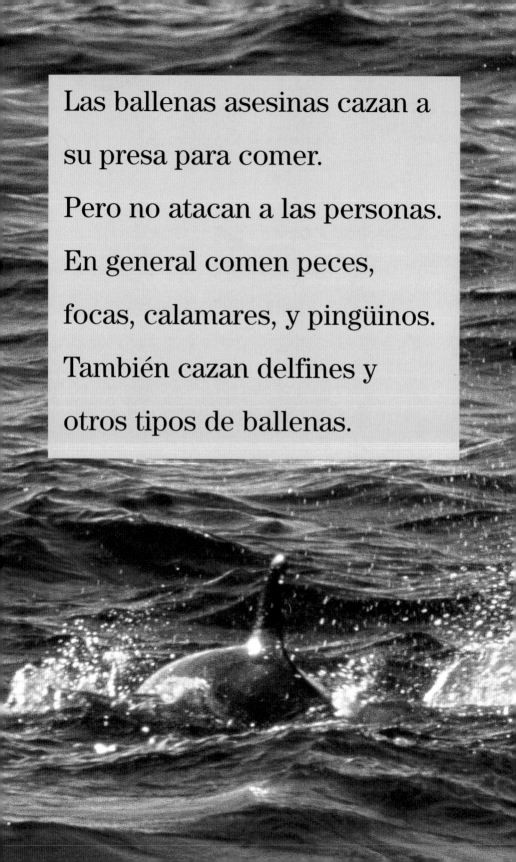

Las ballenas asesinas cazan a
su presa para comer.
Pero no atacan a las personas.
En general comen peces,
focas, calamares, y pingüinos.
También cazan delfines y
otros tipos de ballenas.

Otro nombre de las ballenas asesinas es orca.

Los científicos las llaman orca.

Las ballenas asesinas se encuentran en todos los océanos del mundo.

La mayoría vive en las aguas heladas cerca del polo norte y el polo sur.

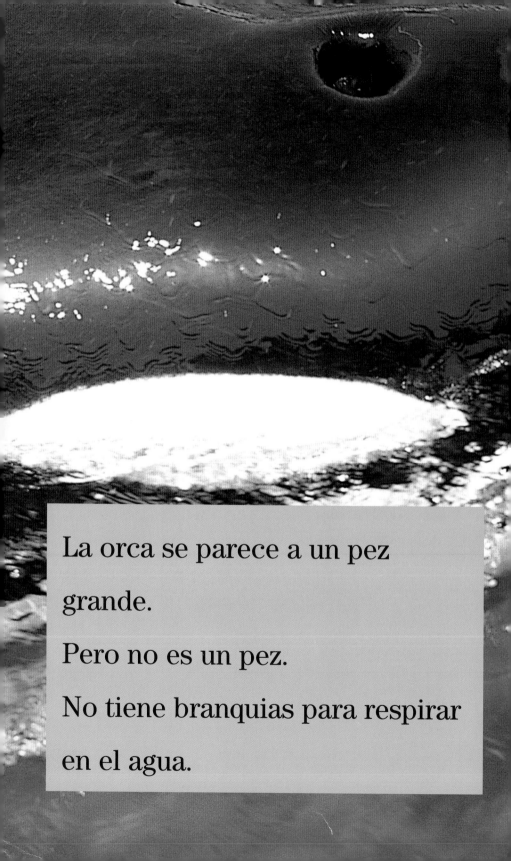

La orca se parece a un pez grande.

Pero no es un pez.

No tiene branquias para respirar en el agua.

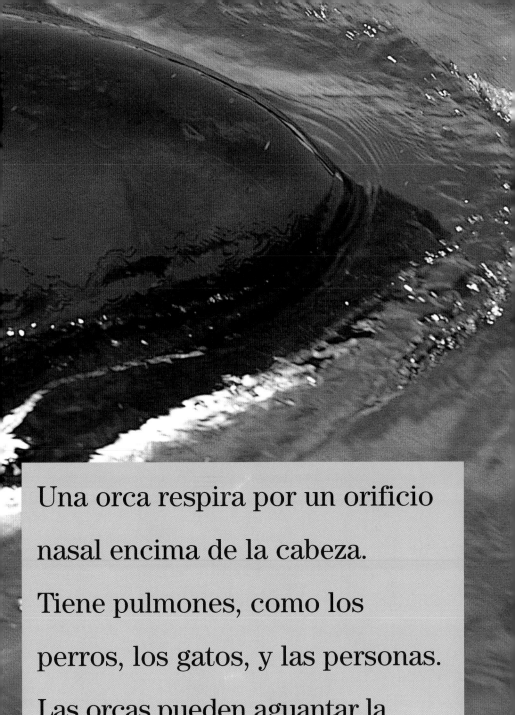

Una orca respira por un orificio
nasal encima de la cabeza.
Tiene pulmones, como los
perros, los gatos, y las personas.
Las orcas pueden aguantar la
respiración por 10 minutos o más.

La orca hembra mide casi 6,5 metros de largo.

Mide igual que una ambulancia.

La orca macho mide un metro más. Pesa 9 toneladas, igual que dos elefantes.

Las orcas nadan bien.
Pueden moverse en el agua a
casi 50 kilómetros por hora.
Nadan más rápido de lo que
tú corres.

Su cola tiene dos aletas muy fuertes que usan para moverse. Usan otras aletas en cada lado de su cuerpo para guiarse y girar.

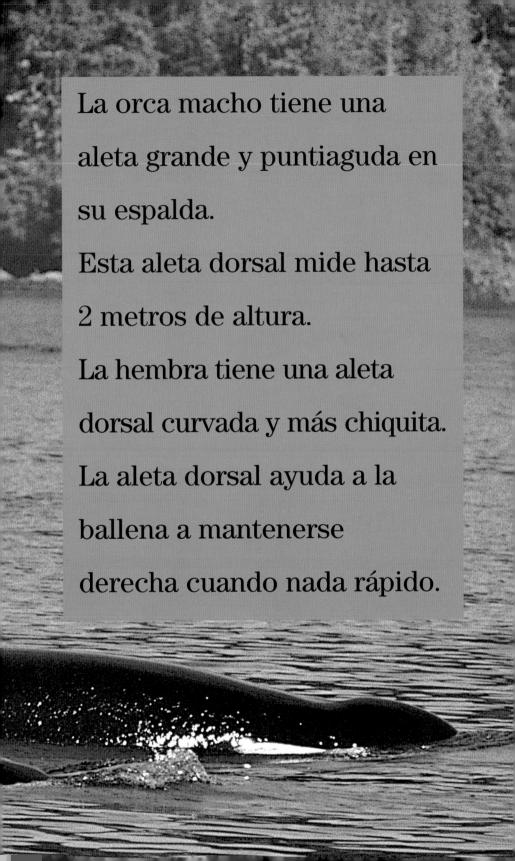

La orca macho tiene una aleta grande y puntiaguda en su espalda.

Esta aleta dorsal mide hasta 2 metros de altura.

La hembra tiene una aleta dorsal curvada y más chiquita.

La aleta dorsal ayuda a la ballena a mantenerse derecha cuando nada rápido.

En las aguas oscuras o nubladas,
las orcas hacen sonidos
especiales, unos "clics."
Luego escuchan cómo retumban
los ecos.

De este modo las orcas se enteran de lo que hay a su alrededor.

Las orcas tienen dientes filosos de 9 centímetros para cazar.

Como los lobos, las orcas cazan en grupos.

Rodean y arrean a sus presas antes de atacar.

Las orcas viven en grupos familiares.

Los miembros de una familia cazan y comen juntos.

Se protegen los unos a los otros.

Algunas familias tienen menos de 10 ballenas.

En otros hay hasta 50 ballenas.

A las hembras de la orca les dicen vacas.

A los machos les dicen toros.

Los bebés nacen bajo el agua, cerca de la superficie.

Un becerro orca recién nacido
mide 2,5 metros.
Pesa 180 kilos.

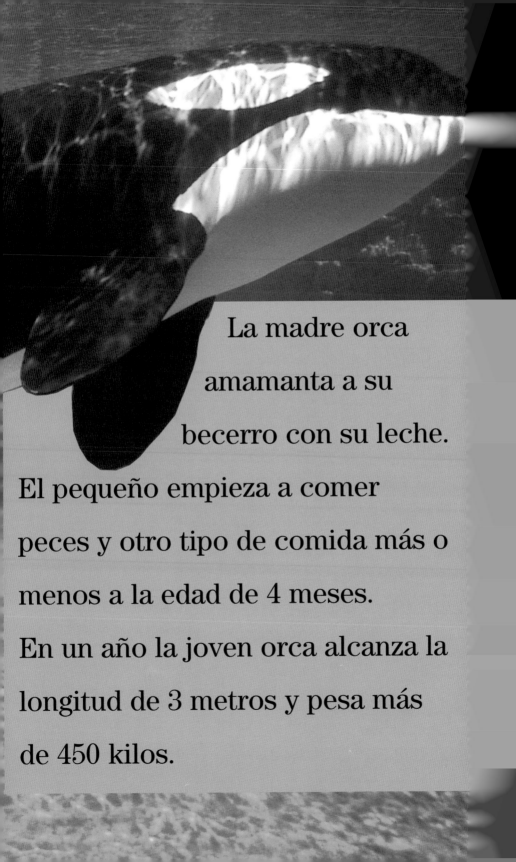

La madre orca amamanta a su becerro con su leche. El pequeño empieza a comer peces y otro tipo de comida más o menos a la edad de 4 meses. En un año la joven orca alcanza la longitud de 3 metros y pesa más de 450 kilos.

Las orcas pueden saltar en el aire.
Luego—¡PLAF!—caen en el agua
con un enorme chapoteo.

La mayoría de la gente no ve a las orcas en su lugar natural. Las ven en parques marinos, donde las orcas son frecuentemente las estrellas.

También los científicos estudian a las orcas en estos parques. Han descubierto que las orcas aprenden fácilmente.

Mucho sobre las orcas es aún un misterio.

Cuanto más aprendemos sobre las orcas, más sabemos sobre todos los animales salvajes.